LETTRE
D'UN AVOCAT DE ROUEN
A M. V...
AVOCAT AU PARLEMENT DE PARIS,

Au sujet du feu Abbé Desfontaines.

M. DCC. XLVI.

LETTRE

D'UN AVOCAT DE ROUEN

A M. V. Avocat au Parlement de Paris, au sujet du feu Abbé Desfontaines.

VOUS venez, Monsieur, de perdre à Paris un homme dont la mort a dû délier bien des Langues, & va sans doute enhardir bien des Plumes. On a commencé par les Epitaphes, & dans toutes celles que j'ai vues, la passion s'est portée à l'excès : après avoir noirci les mœurs on déprimera les talens. Les Peintres & *les Barbouilleurs* voudront retoucher ces tableaux, que la haine & la prévention ont multipliés. Que nous verrons d'étranges portraits d'un Ecrivain qui étoit en but aux contradictions d'une espéce irréconciliable, &

quiétoit devenu l'orfraye du Parnaſſe, *Noctua clamoſas qui fuit inter aves.*

Vous ſçavez que mes liaiſons avec MON CHER COMPATRIOTE n'ont été ni aſſez longues ni aſſez étroites pour me rendre ſuſpect de prévention, & je n'ai jamais eu de démêlé avec lui. C'eſt un préjugé de quelque conſidération pour tout ce que je pourrai dire de cet ingénieuſe Poligraphe.

L'Abbé Desfontaines qui dès ſa jeuneſſe, s'étoit attaché à cette fleur des Lettres, dont le goût ſe contracte aiſément dans la célébre ſociété dont il étoit en partie l'ouvrage, (*a*) avoit une facilité extraordinaire & s'étoit fait un ſtyle excellent, tant par une étude aſſidue de notre Langue, que par la lecture de nos bons modéles qu'il poſſedoit mieux que les Latins. Mais il manquoit de bien des connoiſſances, & de ce fonds de littérature qu'il faut néceſſairement avoir amaſſé pour le genre qu'il avoit choiſi. Je ne l'accuſerai pourtant point, comme ceux qui outrent tout à ſon égard, d'une *profonde* ignorance,& de n'avoirpas même ſçu le Latin. Quoiqu'avec autant

(*a*) L'Abbé Desfontaines a ſouvent battu ſa Nourrice, & n'eſt pas le ſeul.

de ressources, qu'il en avoit du côté de l'esprit une médiocre érudition suffise pour conduire assés loin : la sienne étoit peut-être étendue, & sûrément plus estimable que celle de bien des gens qui sçavent tout, excepté la langue qu'ils sont obligés de parler, & ce qui peut-être de quelque usage pour les tems & les lieux où ils vivent. A l'égard du Latin, l'Abbé Desf. l'entendoit en homme de goût, plutôt qu'en sçavant ; mais il se piquoit peu d'entendre le Grec, & quoiqu'il en ait mis beaucoup dans son Virgile, je l'ai vû d'assés bonne foi sur cela. Peut-être le sçavoit-il comme il sçavoit l'Anglois, assés pour pouvoir profiter de l'aide d'autrui, & trop peu pour se passer de secours. Le Grec est une Langue qu'on néglige ordinairement plus que le Latin, & à laquelle on revient par nécessité, quelques fois trop tard : mais peut-on être sçavant sans Grec ? Je connois nombre d'honnêtes gens qui l'ignorent, & qui se sont composé une érudition qui vaut bien celle des Hellenistes.

Le malheur (si pourtant c'en est un) le malheur des hommes d'esprit qui sont plus curieux de former leur goût pour penser eux-mêmes, que de charger leur mémoire de ce qu'ont dit les autres, est de trop négliger les Langues mortes, & l'Abbé Desf. étoit dans le cas. Quand M. l'Abbé Bignon jettta les yeux sur lui pour le faire travailler au Journal, ce ne fut point en qualité de sçavant capable de discuter, & d'approfondir les matiéres d'éruditions qui en sont l'objet; il le regarda comme un Ecrivain très-poli propre à donner à cet ouvrage les ornemens dont il étoit susceptible, & à le faire lire agréablement. L'Abbé Desf. remplit bien ses vûes de ce côté-là, & les Journaux où il eut part, se distinguent par l'élégance & l'esprit : on y voit toute la légereté de sa plume animée du feu de sa jeunesse.

Je n'entreprends point de faire ici l'histoire des ouvrages de l'Abbé Desf. ni de démêler ses productions légitimes, d'avec celles qu'on lui conteste. Je ne dirai qu'un mot des principales, & seulement autant qu'elles peuvent servir à faire connoître son génie.

Le goût de la Poësie est dans la jeunesse, celui qui nous fait le plus d'illusion; plus on a d'esprit & de feu, moins on est à l'abri du charme. L'Abbé Desf. aimoit trop les vers pour que cette passion ne fit pas chez lui l'effet qu'elle opere ordinairement dans les esprits de la meilleure trempe ; qui est de séduire notre inexpérience par l'apparence du talent. Les Odes sacrées de Rousseau (celui de nos Poëtes qu'il lisoit le plus) lui firent naître l'envie d'être son rival, & sans autre vocation, il fit sa traduction des Pseaumes en vers François, monument indigne de lui & dont heureusement le peu de succès le décida pour le genre d'écrire dans lequel il a depuis excellé (*a*); grande leçon pour ces Versificateurs, qui méconnoissant toujours dans ce dur métier la voix de la Nature qui les en detourne, n'ont pour y perseverer, d'autre attrait, qu'une facilité malheureuse à forcer leur génie, & qu'enfin ils acquierent !

La critique fut la partie des lettres qui parut fixer l'Abbé Desf. Je ne prétends point vous donner ici un catalogue exact & complet de tout ce qu'il a fait dans

(*a*) Quoique l'Abbé Desf. après le mauvais accueil fait à ses Pseaumes eut paru abjurer les Vers, il se permit de tems en tems de petites débauches d'esprit, dont je me dispense de parler, Mais après son Ode à la Reine, il méritoit qu'on lui dit ho-là.

ce genre, ou dans quelqu'autre que ce ſoit. Je ne me pique point de connoître tout, & je ne veux pas même m'aſſujettir à ſuivre l'ordre de ſes productions: Je ne ſçais point par où l'Abbé Desf. débuta dans la Polemique, & s'il porta ſes premieres armes contre l'Auteur de la *Religion prouvée par les faits.* La critique de cet ouvrage, s'il eſt vrai qu'elle ſoit de lui, eſt du moins un des premiers morceaux qui ayent dévelopé ſon talent. Comme on a trouvé cette piéce trop ſçavante pour lui, on n'a pas manqué de la lui conteſter. Mais on y reconnoît ſa main, & l'ingénieuſe maniere du Cenſeur des *Entretiens d'Ariſte & d'Eugene* qu'il ſe propoſa toujours pour modèle.

Les Paradoxes Littéraires ſur la fameuſe Tragédie d'*Inès de Caſtro* que perſonne ne lui diſpute, eurent un ſuccès prodigieux, & ſont un chef-d'œuvre d'eſprit.

Le Dictionnaire Néologique, Satyre fine & d'un tour unique, mais dont l'inventeur eſt incertain, peut ſervir de pendant aux *Paradoxes.* Cependant j'y trouve un peu de chicane; & ne pourroit-on pas le groſſir du propre fonds de l'Auteur même, auquel il eſt échappé quelquefois des phraſes & des expreſſions qu'il auroit notées dans les autres

Quoiqu'il en ſoit, ſi l'on joint à ces trois morceaux une infinité de petits Ecrits ſortis de ſa plume, ou ſeulement aſſaiſonnés de ſon ſel attique, dans cette partie de ſes travaux, il y a certainement dequoi faire la réputation de deux ou trois Ecrivains.

Mais quelle heureuſe fécondité! qu'elle aimable polymathie, s'il eſt effectivement l'Auteur des *Mémoires de Madame de Barnevelt*, *de la traduction de Gulliver*, *de celle de Joſeph Andrevvs*, *de l'Hiſtoire Romaine traduite d'Echard*, *des Revolutions de Pologne*, *des Antiquités Romaines de Nieuport &c.*

Les Mémoires de Madame de Barnevelt, ne ſont je crois revendiqués de perſonne, & ne ſont point indignes de ſa plume. Ils ont pourtant l'air trop Romaneſque, & on peut faire à l'hiſtoire de l'Avanturiere d'Hollande le même reproche qu'il a fait à l'Auteur de Marguerite d'Anjou.

Je ne ſuis point en état de juger ſi Gulliver eſt fidélement traduit de l'Anglois, mais tel qu'il nous l'a donné, je le trouve extrêmement agréable. J'en dis autant de Joſeph Andrews.

Un Académicien qui paroît verſé

dans l'histoire secrette des Livres modernes a publié la filiation de *l'histoire Romaine d'Echard*, & je ne vois pas que l'Abbé Desf. accusé de n'en être que le pere adoptif ait légitimé cette production : elle est pourtant marquée au coin de l'élégant Historien de Pologne, & on voit qu'elle a passé sous sa lime, s'il n'a même entiérement traduit le Traducteur.

Les Rév. de Pol. sont encore mal-à-propos mises an rang des Ecrits pseudonymes par ceux qui n'ignorant point à quel titre elles lui sont justement attribuées, comptent presque pour rien la main d'œuvre, je veux dire, l'économie d'un ouvrage & le mérite du style qui sont néanmoins pour les gens de goût, les principaux attraits de la lecture.

Mais pour répondre une bonne fois à ceux dont l'injuste passion accorde à peine à notre Ecrivain le foible talent d'arranger des mots, & d'habiller les conceptions d'autrui, si on fait cas d'un bon Editeur, si des gens qui n'ont jamais publié que les productions des autres, passent pour avoir *bien mérité* des lettres, ne doit-on sçavoir aucun gré à ce délicat Philologue d'avoir multiplié nos bons livres, en adoptant des Ecrits obscurs que sa plume a sauvés peut-être d'un long oubli; ou plutôt quelle obligation ne lui a-t-on pas d'avoir cultivé avec tant de ſoins, une des plus belles Langues de l'Europe pour parer ces mêmes écrits de toutes ſes graces, & nous en faire jouir agréablement ?

Je n'argumente ici, comme vous voyez, ſur ces prétendues ſuppoſitions, de part qu'en conſéquence des reproches qu'on lui a faits publiquement. Qu'on lui donne telle part qu'on voudra aux ouvrages qu'il s'eſt attribués, je ne me rends point partie dans cette diſcuſſion. Je ne ſuis point aſſés verſé dans les Anecdotes littéraires (dont la connoiſſance fait ſouvent le plus grand mérite des gens qui n'en ont guéres d'autre) pour répandre ici le moindre jour. L'Abbé Desf. comme pluſieurs Sçavans, & même quelques beaux eſprits, ſera pour la poſtérité un problême que je ne me charge point de réſoudre. Poëte, Hiſtorien, Grammairien, Critique, il eſt tout ce qu'il plaira aux Bibliographes : je ne lui donne abſolument, ni ne prétends lui dérober aucune de ces qualités. Je le conſidére comme un excellent Ecrivain ; & quand on m'aura donné des preuves plus ſolides que tout ce que j'ai vû juſqu'ici du plagiarisme dont on l'accuse, je réduirai l'estime que j'ai pour lui au degré qui lui en appartiendra.

Après-tout ne seroit-il pas à souhaiter que certains ouvrages, qui pour être informes, mal écrits, & dénués même des agrémens que la matiére peut offrir, périssent souvent dans les ténébres, pussent tomber dans de pareilles mains? Ne seroit-ce pas un bien pour les lettres que nous eussions toujours d'ingénieux plagiaires capables de profiter aussi heureusement des travaux d'autrui.

On dit que l'Abbé Desf. se faisoit aider, qu'il dirigeoit méme des gens de Lettres, qui compiloient sans cesse pour lui, & que tout son travail se réduisoit à retrancher, à polir & à terminer. On se l'imagine donc comme un statuaire occupé seulement dans sont attelier à finir ce que ses éleves ont dégrossi. Mais parce que cet Artiste n'a pas lui-même tiré le marbre des carrieres, qu'il n'a point durci ses mains à développer les figures qu'il avoit tracées sur le bloc, & qu'il n'a donné que les derniers coups de ciseau qui seuls impriment l'ame & la vie aux ouvrages muets de l'art, on blame d'y avoir mis son nom. On sçait combien l'ennui des recherches refroidit & desséche l'imagination.

L'Abbé Desf. peut avoir fait ce que je conseillerai toujours à ceux qui sont en état d'écrire comme lui. On prétend qu'il entroit, un peu de paresse dans sa maniere de travailler. La présomption en général est fausse. L'homme du monde le plus laborieux avec autant de feu qu'il en avoit, ne sera jamais capable de longues recherches. Il est fait pour employer les fleurs, que d'autres auront tirées des épines. A l'égard de l'Abbé Desf. quel étonnant paresseux qu'un homme qui a donné plus de 50 volumes *in*-12 qu'il a fallu du moins transcrire en partie, revoir & corriger. Si l'Abbé Desf. dans certains cas s'est attribué seul un honneur qu'il devoit partager avec quelqu'autre, c'est une injustice dont il est coupable; la question est de le prouver.

Mais s'il ne perd dans ses ouvrages que le mérite de l'invention, que je tiens cependant pour beaucoup, il en est bien dédommagé par la gloire d'avoir achevé fort heureusement tout ce qui à paru sous son nom. *Nemo invenit simul & perfecit.*

Je viens à sa Traductiou de Virgile. Je n'ignore point les calomnies qu'un vil & méprisable *adversaire*, a répandues inutilement pour lui enlever encore cet ouvrage (*a*). Mais personne aujourd'hui ne le lui conteste. Il est reconnu généralement pour la production la plus légitime, que nous ayons de lui. Ceux qui méprisent cette Traduction ne manqueront point de répondre que ce n'est pas un grand présent à lui faire. Mais sans vouloir en être le Panegiriste, je défie qu'on m'en cite une meilleure, ou qu'on puisse mettre en balance.

Si elle n'est point exemte de fautes, comme assurément j'y en reconnois, elle est sans exception jusqu'ici la moins défectueuse de toutes, *Qui minimis urgetur*, & ce n'est pas peu.

(*a*) Une contradiction bien bizarre de ce mal-à-droit Calomniateur, & qu'on n'a peut être pas remarquée ; c'est qu'en même-tems qu'il prétendoit avoir preuve en main que cette Traduction étoit de M. de Bercy, il dirigeoit contre l'Abbé Desf. personnellement, la pitoyablecritique qu'il en faisoit sans s'appercevoir qu'elle portoit à faux.

Vous jugez bien, mon cher confrere, que je ne forme point m'on opinion ni sur les éloges excessifs que ses partisans en ont faits, ni sur ceux qu'il en a faits sans pudeur lui-même avec un plus ridicule excès, ni sur les premieres critiques qu'en a faites un forcéné dont elles sont l'opprobre, & qui sont les seules que j'aye vûes. J'en parle d'après mes propres impressions, après l'avoir lû avec soin & libre de tous préjugez, non pour y chercher des défauts, mais pour remarquer ceux qui s'offriroient à mes pures lumieres; non pour m'affermir aussi dans la plus légere prévention, mais pour l'estimer son juste prix autant que j'en suis capable, & profiter de son travail. Ceux qui sont accoutumés à trancher (& ce sont toujours ceux qui connoissent le moins ce qu'ils approuvent ou ce qu'ils condamnent) ne trouvent jamais de milieu entre l'*excellent* & *le détestable*.

Ont-ils entendu dire que cette Traduction étoit foible & froidement servile dans les Eclogues, & dans une partie des Georgiques, qu'elle est inégale dans l'Eneide, qu'il y a quelques contre-sens grossiers, qu'avec bien de l'éruditiom superflue, elle en manque en beaucoup d'endroits, qu'enfin l'Auteur assez heureux à rendre les morceaux les plus difficiles & les plus ingrats, a mal représenté la plûpart de ceux dont les beautez simples & faciles s'offroient d'elles-mêmes à l'expression, comme l'Episode d'Aristée &c. C'en est assez pour proscrire l'ouvrage & pour confondre aussi-tôt l'Auteur avec les Maroles & les Martignacs. Je ne puis m'expliquer ici sur ce que je pense en particulier de cette Traduction. Je l'ai lûe, comme je vous dis attentivement : ce qui m'a produit une suite d'Observations que j'avois dessein de lui communiquer, & que je pourrai mettre au jour, non pour avoir un prétexte de remuer ses cendres (car outre l'estime que je lui ai vouée, je ne sçais point me batre avec les morts) mais pour le bien même de son ouvrage, & pour tacher de le rendre encore plus utile. Tout ce que j'ose avancer en général c'est que la nouvelle Version, avec plusieurs autres avantages, est la mieux écrite que nous ayons, la plus curieuse par les ornemens accessoires qu'il a rasſemblez (*a*) & la plus capable de faire connoître ce rival d'Homere à ceuxqui n'entendent point ſa langue. J'avoue auſſi que l'Abbé Desf. malgré tout le feu qu'il avoit encore, auroit dû la faire dix ans plutôt. Il faut pour bien traduire le Poëte Latin, une ſorte d'inſtinct poëtique, une fleur d'imagination qu'emportent les années, & le Virgile François ſe reſſent de la maturité de l'Auteur.

En voilà, ce me ſemble, plus qu'il n'en faut pour ſe faire une juſte idée du génie & des talens de l'Abbé Desf. ſi j'ajoute que ce ſecond écrivain penſoit & s'exprimoit preſque toujours naturellement, que perſonne n'a mieux manié l'ironie ni badiné avec plus de fineſſe, qu'au ſurplus il avoit le goût plus délicat que ſûr, & qu'il manquoit ſouvent de juſteſſe ; j'aurai à peu près formé tout ſon caractere, mais ces qualités appartiennent particulierement au Journaliſte, & il me reſte à le conſidérer ſous ce titre.

(*a*) J'entends par ornemens acceſſoires les differens morceaux de Litterrature qui accompagnent cette Traduction, & non les Eſtampes ni leurs petits vers qui ont une place dans mes Obſervations.

Je ne remonterai point au *Journal des Sçavans*. Ce qu'on trouve purement de lui dans ceux qui sont sortis de sa main, peut se réduire à quelques préfaces où l'on reconnoît aisément sa touche, & à plusieurs Extraits remarquables par le tour, l'agrément, la vivacité.

Le Nouvelliste du Parnasse est le premier Ecrit périodique qu'on peut proprement regarder comme l'essai de sa judiciaire en ce genre, parce qu'il en fut le fondateur, & qu'il n'étoit point gêné dans l'exécution ; aussi voit-on qu'il y a mis tout son feu. Mais si le *Journal des Sçavans* lui avoit fait des ennemis, celui-ci lui en suscita bien davantage, & l'on vint à bout de le faire supprimer. Il est difficile de resister au goût qui nous domine, & qui tourne notre plume. l'Abbé Desf. avoit réussi dans un genre d'écrire assez seduisant, comment l'auroit-il abandonné ?

Il imagina donc un autre Journal sous le titre d'*Observations sur les Ecrits modernes*, & s'associa le feu Abbé Granet, homme d'érudition, à ce qu'on prétend, mais qui avoit besoin d'être poli par le commerce de son collegue, comme on en peut juger par ses premiers ouvrages.

Un Sçavant & un bel esprit ne pouvoient faire ensemble qu'une liaison très-utile en particulier à l'un & à l'autre, & en commun à leur entreprise. L'Abbé Granet étoit de mœurs douces, & pour assurer leur intelligence, il le falloit de cette trempe avec un homme bouillant. Les *Observations sur les Ecrits modernes* qui forment une suite de 34 ou 35 volumes, sont l'ouvrage de cette societé. Mais certainement l'Abbé Desf. y a la plus grande part, parce qu'il les a faites seul pendant plusieurs années. Ce corps d'Observations sur les nouveautez Litteraires, n'est gueres à l'usage des Sçavans, mais il amusera toujours agréablement, tant par la varieté des matieres, que par le seul goût de l'ouvrage.

On reproche à l'Abbé Desf. une infinité de variations dans ses jugemens, des erreurs & des bevues sans nombre, beaucoup d'infidélités surtout, & de la passion autant qu'il en peut entrer dans l'ame d'un homme, qui comme Achille, étoit nourri de bile & d'humeurs. Peut-être exagere-t-on beaucoup ces défauts; mais dans quel Ecrivain de ce genre ne trouvera-t-on point un pareil mélange? Bayle qui étoit encore il y a 20 ans l'Otacle de la Litterature, parce qu'on n'examinoit presque rien après lui, Bayle aujourd'hui fourmille de fautes & son or le plus pur mis à la coupelle a de l'alliage.

L'Abbé Desf. est *Bayle en petit* (a)

(a) Voyez le portrait que Basnage a fait de Bayle dans un de ses sermons, c'étoit un de ces hommes contradictoires que la plus grande pénétration ne sçauroit concilier avec lui-même ...... d'un côté grand *Philosophe sçachant démeler le vrai d'avec le faux ..... d'un autre côté grand sophiste prenant à tache de confondre le faux avec le vrai ..... d'un côté plein d'érudition ..... d'un autre côté ignorant ou du moins feignant d'ignorer les choses les plus communes ...... d'un côté attaquant les plus grands hommes ... ..d'un autre côté fardant les plus petits esprits, leur prodiguant son encens &c.*

Ce paralelle qui après tout fait honneur à l'Abbé Desf. est encore plus sensible dans le portrait que le P. Porée a fait du même Bayle, *Ingeniosus & nequam, nequior fortassis quam ingeniosior; aut certè quanto ingeniosior, tanto nequior. Homo infeliciter felix, quia naturâ ingenium sortitus acre vegetum, & flexibile ..... ab exercitatione stilum assecutus subtilem, festivum & facilem omnia naturæ, disciplinæ, & exercitationis præsidia ad suam & aliorum perniciem convertit ..... Homo perdite laboriosus, qui scribendi celeritate abreptus in omni sermè*

& vous ſeriez ſurpris de voir combien ils ont entr'eux de rapport, ſi je vous développois tous ceux que j'y trouve, ſoit du côté de la Logique & de l'Analyſe, ſoit par le tour de l'imagination.

Je ne prétends point pallier ici aucun des vices que j'ai remarquez moi-même dans les Obſervations, mais on m'avouera qu'ils ſont rachetez par mille traits d'eſprit, par d'ingenieuſes reflexions, par quantité d'Anecdotes ſur la Litterature Françoiſe, & par les aménitez du ſtile.

Le grand défaut de l'Abbé Desf. & la ſource de tous les autres, étoit la précipitation. Il n'examinoit point aſſez & tranchoit trop. Il ne s'attachoit fort ſouvent qu'au plan & aux diviſions d'un ouvrage qu'il cherchoit ou dans la table ou dans la préface, & après avoir parcouru le Livre pour prendre ſeulement le ton de l'Auteur, il formoit ſon jugement ſur ce ſuperficiel examen.

Je n'ai point puiſé ce reproche dans

argumentorum genere verſatus eſt, omnem induens perſonam, & ſuam de rebus omnibus ſententiam ferens, juris peritus ſine lege, judex ſine tribunali, miles ſine gladio, civis ſine patria. &c.
Orat. De credulitate in Doctrinis,

les écrits calomnieux de ses adversaires, je parle pour l'avoir vû moi-mêmes opérer, & j'en ai la preuve d'ailleurs.

Delà toutes ces variations, ces méprises, & ces inconséquences qui décréditent ses Journaux. Je sens bien qu'un homme exercé, & pourvû d'une bonne logique voit mieux, & voit plus d'un coup d'œil, que bien des lecteurs ; mais cette méthode est dangereuse, & nous expose à faire bien des bevues, comme il n'en a malheureusement que trop faites. Méchant métier que celui de Journaliste! L'intérêt où l'assujettissement produit tôt ou tard la precipitation & la négligence. *On n'a pas plutôt tiré, qu'il faut recharger* ; & comment veut-on qu'un seul homme puisse donner à l'examen des ouvrages qui se pressent, & se succedent rapidement, l'attention qu'ils demanderoient, pour en faire une exacte analise!

Les Jugemens sur les ouvrages nouveaux qui ont suivi les Observations, m'ont paru se ressentir un peu des disgraces que l'Auteur avoit essuyées, & je les trouves bien plus foibles. Cet ouvrage est le plus modéré de tous ses Ecrits périodiques, & n'a pû le reconcilier avec personne : On y voit pourtant régner un vice d'assés bon commerce qui n'avoit point encore dominé chés lui : C'est la flaterie qu'il porte à l'excès : Il répand les fleurs & l'encens avec une profusion scandaleuse, & qui souleve tous les lecteurs : il donne des éloges outrés à des ouvrages très - médiocres, & que les moindres connoisseurs voyent avec des yeux bien differens. Ce ne sont plus chés lui que des exclamations, des expressions d'étonnement, & des saillies d'admiration. Il prodigue même à des Ecrits reconnus généralement mauvais, les louanges dont il étoit autrefois avare pour de bons ouvrages.

L'Auteur d'une petite comédie fade réchauffée qui dut son succès à l'indigence du Théatre, est un digne rival de Molierre ; & ne croyez pas que cette indulgence, que cette intempérie d'aplaudissements, soit un trait de l'art, un sarcasme : on n'entrevoit aucune équivoque, & s'il ya de l'ironie (comme il faut bien en supposer pour son honneur) elle n'est que mentale. Mais quelle aveugle complaisance pour les plus petites productions de ses amis ou de ses cliens ! Quel amas d'epithetes & d'hyperboles !

l'Abbé Desf. oublioit souvent que c'est mal servir son idole que de faire la base plus haute que la statue. On encourage les talens par des louanges dispensées à propos, mais on en arrête les progrès par des flateries excessives, parce qu'elles nous inspirent une vaine confiance où notre médiocrité se repose, croyant avoir atteint le but. Peut-être aussi que tous ces éloges dont la disproportion nous révolte, ne sont que des épanchemens de tendresse qui, à notre égard sont sans consequence. Mais ce n'étoit pas un fort bon moyen pour nous les faire tolérer, que d'employer un ton que n'ont jamais pris les Basnages & les Bernards, ces grands maîtres dont la supériorité laisse entre eux & lui, un vaste intervalle. Je voudrois qu'un bon Journaliste n'eut point d'amis, qu'il fut obligé de louer, & s'il se peut, qu'il ne se fit point d'ennemis.

Après la foiblesse que notre Censeur a trop laissé voir pour ses amis, rien ne l'a rendu plus ridicule que son amour immodéré pour ses propres ouvrages; comment en effet pardonner au bon sens de l'Abbé Desf. d'être lui-même même son paranymphe, & de se préconiser conifer en toutes occasions. Si son adroite vanité se contourne & se déguise en mille maniéres, sa persevérance renchérit bien sur celle des Ecrivains d'Athénes & de Rome, qui étoient en possession de se louer eux-mêmes. Plus épris de son Virgile François que Didon ne l'étoit d'Enée, il ne voyoit plus, comme elle, que son Heros qui étoit toujours présent à son souvenir : *(a)* il nous en entretenoit sans cesse, comme Didon entretenoit sa sœur Anne du mérite de son amant. Il trouvoit toujours des prétextes pour en parler; il y revenoit continuellement, & ce tendre délire, qui a précédé au moins de deux ans la publication de son ouvrage, a duré presque jusqu'à sa mort. Ses amis auroient bien dû lui donner l'avis que Coulange adressoit aux Peres, les plus pitoyables gens du monde, quand ils écoutent trop leurs entrailles, & lui faire suspendre la paternité.

Si l'Abbé Desf. avoit beaucoup de vivacité pour ses amis, comme toutes ses passions étoient à peu près au même degré de chaleur, ses aversions étoient

(a) Eneid. 4.

violentes. Je n'ai jamais pû lui passer son acharnement contre feu la Mothe, Ecrivain délicat & intéressant, qui devoit à la vérité, pour conserver le nom de Poëte, s'en tenir à ses premieres Odes, mais chés qui du moins l'esprit & le goût supléent presque toujous au génie, & dont toute la prose est excellente, à quelques légéres tâches près. Notre critique si constant à le déchirer, après sa Traduction des Pseaumes, lui devoit plus de ménagement.

Combien n'a-t-il pas eu lieu de se repentir, d'avoir aigri de gayeté de cœur des hommes d'un rare mérite, dont on ne doit pas dissimuler les fautes, mais qu'on ne peut traiter avec trop d'égards, De-là ces haines implacables qui ont aiguisé les traits de la satyre, & qui l'ont poursuivi jusqu'au tombeau. *Genus irritabile vatum.* Les fléches d'Appollon portent des coups mortels. Une Epigramme ne prouve rien ; mais elle laisse avec sa pointe dans notre esprit, tout le venin que le Poëte y a distilé ; monument frivole, mais qui se grave plus sûrement dans la mémoire que sur l'airain, Un vers un seul vers de Virgile a consacré pour jamais au mépris les noms des Bavius & des Mœvius.

Au reste, quelle obligation n'at-on pas à l'Abbé Desf. d'avoir lutté toute sa vie contre le mauvais goût, qui fait des progrès si sensibles dans tous les genres, de s'être opposé comme une digue au torrent du Néologisme, présage assûré de la décadence dont les Lettres sont ménacées parmi nous, d'avoir rendu tant de combats pour repousser les irruptions des Gots & des Vandales modernes, qui pervertissent de plus en plus toutes les parties de notre Littérature ; & de s'être chargé volontairement, pour prevenir de si grands maux, de la haine de ses concitoyens : N'est-ce pas là se dévouer pour la Patrie ? Dira-t-on que je prête ici des vûes trop nobles à notre Censeur, & qu'il n'a fait que suivre son ascendant ? Je veux que l'Abbé Desf. n'ait rien donné qu'à son génie, ce génie même, qui dans un particulier devient odieux, tourne après tout au bien public, & les habiles gens dans un morceau de critique, sçavent séparer de la masse, le levain de la passion qui peut l'infecter. Il seroit pourtant dangereux de s'authoriser de cette Reflexion. Avec du penchant au cynisme, on peut n'avoir point le talent dont l'Abbé Desf. abusoit un peu, & c'en est toujours un bien funeste, que celui de ne sçavoir écrire que pour se faire des ennemis, & pour divertir une partie de ses Lecteurs aux dépens de l'autre.

Vous n'attendrez pas sans doute de moi que je vous peigne ici l'homme tout entier, puisque je n'ai point eû avec lui assez d'habitude pour le connoître, & que mon dessein n'a été que de vous crayonner l'Ecrivain. Quand je l'aurois encore représenté sensible aux plus légeres piqûures, & foible comme un enfant, sur ce point, sans principes surs & vivant pour ainsi dire au jour le jour, cependant tout rempli de préventions, c'est ce que j'en ai vû dans ses ouvrages. A l'égard des qualitez du cœur je ne m'en mêle pas; s'il a quelquefois entraîné l'esprit & tourné l'imagination de notre compatriote, c'est ce que je n'examinerai point, & sur quoi je m'interdis toute curiosité.

On lui a reproché d'aimer un peu trop l'argent, de faire un vil & honteux trafic des éloges qu'il dispensoit aux ouvrages. Cette espece de simonie, utile seulement à celui qui tend le giron, est fort odieuse au Parnasse, & n'est surement pas sans exemple.

Je ne me charge pas d'être en tout & partout le champion de l'Abbé Desf. mais j'ai crû devoir à sa mémoire, à la considération où est sa famille, à l'honneur de notre commune patrie, & à l'intérêt de la vérité, la révelation d'un fait important qui le justifiera bien à cet égard, ou qui rendra du moins bien suspectes toutes les accusations de ce genre, qu'on a toujours formées contre lui sans preuves. *Disce omnes crimine abuno.*

Vous n'avez pas oublié le malheureux procès que l'Abbé Desf. a eu avec un certain Prêtre appellé *Gourné*, qui est a ce qu'on m'adit, de ce Diocèse, & que j'ai entrevû à Rouen cet Eté. Vous sçavez que que ce qui l'a fait naître, est un ouvrage du dernier, intitulé LE GEOGRAPHE METHODIQUE. J'étois comme tout le monde, instruit du procès, sans connoître du Livre autre chose que la Préface, piece isolée, dont le véritable Auteur m'a fait présent à Paris. J'ignorerois même encore aujourd'hui *Le Geographe Méthodique*, comme il est profondement ignoré partout, excepté peut être chez quelques Moines, si dans le dernier voyage que je fis en basse-Normandie, je ne l'eusse trouvé par hazard chez un bon Curé de campagne auprès de Falaiſe, décoré d'un *ex dono authoris ;* j'ai retenu juſqu'à l'Ortographe. L'Auteur de la Préface nous a conté les avantures de cette piece, & vous vous ſouvenez que M. Gourné s'en étant accommodé ſous des conditions qu'il ne vouloit point enſuite remplir, le ſecret de la négociation tranſpira bien-tôt. L'Abbé Desf. qui étoit au fait de pareilles hiſtoires, & trop habile homme d'ailleurs, pour ne pas démêler au premier coup d'œil, un fruit dont il connoiſſoit le goût enté ſur un mauvais ſauvageon, étoit obligé par état d'en avertir ceux qui auroient pû s'y méprendre, quoique la mépriſe fut difficile. Cet avis tout ſimple mis dans ſes feuilles, excita la bile du petit Géographe, mais au lieu de s'en prendre à l'indiſcretion de celui qui avoit fait ſa préface, ou plutôt à la mauvaiſe foi dont il avoit payé ſon travail, il jetta toute ſa mauvaiſe humeur contre l'Auteur *des Obſervations.* Il s'attacha d'abord à ſurprendre la Religion du Magiſtrat qui préſidoit alors à la Librairie, & s'alla plaindre que l'Abbé Desf. avoit voulu exiger de lui une ſomme au deſſus de ſes facultez, ſous peine de faire tomber son ouvrage. Ce coup porté, il chercha quelqu'un capable de lui prêter sa plume, pour débiter agréablement cette noirceur. L'Ouvrier même de la Préface lui parut propre à ce dessein. Vous connoissez la facilité, ou pour trancher le mot la foiblesse & la simplicité du personnage. L'adroit Normand n'eut pas de peine à séduire encore une fois sa confiance, & comme il faut persuader ceux qui nous servent à persuader les autres, il lui affirma *foi de Prêtre*, que les choses s'étoient passées entre l'Abbé Desf. & lui, comme il les avoit rapportées au Magistrat qui lui en avoit promis justice. Ce fut sur ce plan, & sur les mémoires qu'y joignit le charitable Prêtre, que fut batie la Lettre à Dom Gilbert, le plus funeste écrit qui ait été fait contre l'Abbé Desf. C'est là qu'on voit cette fable dans tout son jour, & revêtue de tous les ornemens que la malignité d'une part, & le talent de peindre de l'autre; ont pû lui prêter, tels que le repas chez Chaubert, épisode aussi faux que le reste. Quand la Lettre imprimée, répandue, & colportée par ce Prêtre actif, qui prend volontiers ce soin pour tous ses ouvrages, eut produit ſon effet, il leva le maſque. Enfin comme l'iniquité ſe découvre elle même, il ne put s'empêcher de déclarer un jour au complice innocent de ſa calomnie, que tout ce qu'il lui avoit fait écrire n'étoit qu'un Roman de ſon invention, qu'ayant écrit au Journaliſte pour l'engager à louer ſon ouvrage, & ayant vû par ſa réponſe, qu'il n'étoit pas bien diſpoſé, il avoit préparé de loin ſa vengeance en prevenant comme il avoit fait le Magiſtrat, dont la Librairie dépendoit. Il ajouta qu'il argumentoit ſur les ſimples préſomptions qu'il avoit conçûes d'après les clabauderies de quelques Ecrivains de mêmes condition que lui; quelles lui avoient fait imaginer la taxe Apoſtolique du Journaliſte, que dans la ſuppoſition d'un pareil négoce l'habitude pouvoit faire ſuppoſer l'Acte, & qu'en partant de ce principe, il avoit crû la calomnie innocente: telle fut la morale du ſieur Gourné. Ce détail, que je tiens de la bouche de notre Geographe, me fut fait il y a ſix mois à Paris en bonne maiſon, où nous nous trouvâmes enſemble, & il promit de le confirmer au beſoin, par toutes les voyes, & de toutes les façons qui peuvent humainement donner de la foi à un fait de c... ture. Vous voyez, mon cher confrere, qu'il eſt du moins dans le même dégré de probabilité que celui dont le ſieur Gourné a orné ſa Lettre; & s'il eſt contredit je m'engage à l'établir invinciblement ſur les ruines de celui-ci.

Qu'après cela, les ennemis de l'Abbé Desf. déchirent ſa mémoire, agitent ſes manes, rien ne m'empêchera de lui donner mes regrets, & j'oſe dire qu'il mérite encore tous ceux des gens équitables qui aiment les Lettres. On perd en lui un rare Ecrivain, dont la carriére a été trop courte & pouvoit être longtems utile. Nous perdons une traduction d'Horace qu'il ſe promettoit de rendre meilleure que celle qu'il a faite de Virgile, & dont effectivement les eſſays que j'en ai vûs me faiſoient eſpérer beaucoup. *Mais après avoir haï le mérite dont la préſence excitoit notre envie, nous le regrettons inutilement quand la mort en a délivré nos yeux.*

. . . . Incolumem adimus
Sublatum ex oculis quærimus invidi.

J'ai l'honneur d'être, Monſieur &c.

www.ingramcontent.com/pod-product-compliance
Ingram Content Group UK Ltd.
Pitfield, Milton Keynes, MK11 3LW, UK
UKHW020403250726
13967UKWH00005B/2440

9 782013 039079